Savais-tu?

Les Éléphants

Savais-tu?

Les Éléphants

Alain M. Bergeron
Michel Quintin
Sampar

Illustrations de Sampar

ÉDITIONS
MICHEL
QUINTIN

Catalogage avant publication de Bibliothèque et Archives
nationales du Québec et Bibliothèque et Archives Canada

Bergeron, Alain M.

   Les éléphants

   (Savais-tu? ; 57)
   Pour enfants de 7 ans et plus.

   ISBN 978-2-89435-654-8

   1. Éléphants - Ouvrages pour la jeunesse. 2. Éléphants - Ouvrages
illustrés - Ouvrages pour la jeunesse. I. Quintin, Michel. II. Sampar. III.
Titre. IV. Collection: Bergeron, Alain M. Savais-tu? ; 57.

QL737.P98B47 2013   j599.67   C2013-940768-5

Infographie: Marie-Ève Boisvert, Éd. Michel Quintin

Le Conseil des Arts du Canada
The Canada Council for the Arts

SODEC
Québec::

Patrimoine   Canadian
canadien   Heritage

La publication de cet ouvrage a été réalisée grâce au soutien
financier du Conseil des Arts du Canada et de la SODEC.

De plus, les Éditions Michel Quintin reconnaissent l'aide
financière du gouvernement du Canada par l'entremise du
Fonds du livre du Canada pour leurs activités d'édition.

Gouvernement du Québec – Programme de crédit d'impôt
pour l'édition de livres – Gestion SODEC

ISBN 978-2-89435-654-8
Dépôt légal – Bibliothèque et Archives nationales du Québec, 2013
Dépôt légal – Bibliothèque et Archives Canada, 2013

© Copyright 2013

Éditions Michel Quintin
4770, rue Foster, Waterloo (Québec)
Canada J0E 2N0
Tél.:   450 539-3774
Téléc.: 450 539-4905
editionsmichelquintin.ca

1 3 - A G M V - 1

Imprimé au Canada

Savais-tu qu'il y a deux espèces d'éléphants? Ce sont l'éléphant d'Afrique et l'éléphant d'Asie, chacun nommé d'après le continent où il vit. L'éléphant d'Asie est plus petit

et moins lourd que l'éléphant d'Afrique, et ses oreilles sont plus courtes.

Savais-tu qu'avec ses 7 500 kilos, un poids équivalent à six petites voitures, l'éléphant d'Afrique est le mammifère terrestre le plus lourd? Le plus gros individu connu pesait

un peu plus de 10 tonnes (10 000 kilos), soit l'équivalent de 150 personnes adultes.

Savais-tu que les éléphants ne cessent de grandir tout au long de leur vie ? Cela signifie que les plus gros individus sont généralement les plus vieux.

Savais-tu que, très intelligents, les éléphants ont une excellente mémoire et de bonnes aptitudes à l'apprentissage? Un cornac peut enseigner à un éléphant une centaine de commandements différents.

Savais-tu que les éléphants ont la conscience de soi? En effet, si on peint un point coloré sur la tête d'un éléphant puis qu'on lui présente un miroir, l'animal tentera de toucher la marque sur son front avec le bout de sa

trompe. Il reconnaît donc qu'il s'agit de sa propre image reflétée. Jusqu'à maintenant, en plus de l'homme, seuls les éléphants, les grands singes, les dauphins et quelques espèces d'oiseaux ont démontré cette marque d'intelligence.

Savais-tu que l'éléphant possède le plus long nez du règne animal ? Sa trompe peut atteindre 2,5 mètres et peser à elle seule jusqu'à 140 kilos.

Savais-tu que l'éléphant utilise sa trompe pour respirer, pour sentir et comme outil pour boire et manger ? Il salue en la glissant dans la gueule d'un autre éléphant ou s'en sert pour prendre, caresser et frapper.

Savais-tu que le mammifère terrestre le plus fort est l'éléphant? Sa trompe peut soulever près de 400 kilos. Elle compte environ 100 000 petits muscles. En comparaison, l'ensemble du corps humain compte environ 650 muscles.

Savais-tu que, bien que sa trompe soit assez puissante pour déraciner un arbre, elle peut aussi accomplir des tâches délicates? En effet, son extrémité est pourvue d'un ou deux

lobes semblables à des doigts, capables de manipuler de petits objets avec une grande dextérité comme d'arracher avec délicatesse une fleur ou de saisir une arachide.

Savais-tu que l'éléphant communique beaucoup grâce à des émissions sonores proches de celles de la baleine? À partir de ses fosses nasales, il peut émettre des sons de très basse

fréquence, appelés infrasons, inaudibles pour l'homme.
Ces infrasons peuvent être détectés par un autre éléphant
qui se trouve à plus de 8 kilomètres.

Savais-tu que, lorsque les éléphants perçoivent un danger, ils piétinent lourdement le sol pour avertir leurs congénères ? Les vibrations ainsi émises peuvent être captées par les autres éléphants à des kilomètres de là.

Savais-tu qu'un éléphant produit chaque jour 100 kilos de crotte? Cet herbivore avale quotidiennement entre 150 et 280 kilos de végétaux et jusqu'à 175 litres d'eau. Dans la

catégorie « herbivores », l'éléphant d'Afrique détient le record du plus gros appétit.

Savais-tu que les défenses des éléphants sont des incisives supérieures qui poussent durant toute la vie de l'animal ? De rares cas d'éléphants possédant plus de deux défenses ont déjà été signalés.

Savais-tu que les défenses peuvent atteindre, chez de très vieux mâles, une longueur de 3,5 mètres et un poids de plus de 100 kilos chacune? On peut dire que les défenses

de l'éléphant constituent les plus grandes et les plus lourdes dents du règne animal.

Savais-tu que, en plus d'être des armes redoutables, les défenses de l'éléphant lui permettent d'enlever l'écorce des arbres dont il se nourrit et de creuser le sol à la recherche de nourriture ou de sources d'eau souterraine ?

Savais-tu que, tout comme les humains, les éléphants sont droitiers ou gauchers? La défense qu'un l'éléphant utilise davantage est souvent plus courte que l'autre en raison de l'usure.

Savais-tu que les molaires des éléphants, qui ont la grosseur d'une brique et pèsent environ 2 kilos, seront remplacées six fois au cours de leur vie? Lorsque l'usure complète de

ses dernières molaires surviendra (passé l'âge de 50 ans), un éléphant ne pourra plus se nourrir convenablement et mourra peu à peu de faim.

Savais-tu que l'éléphant n'a pas de glandes sudoripares ?
Ce sont ses énormes oreilles déployées en éventail qui lui
permettent, grâce à une vascularisation très importante,

d'évacuer le surplus de chaleur accumulé dans son corps. Chez l'éléphant d'Afrique, les oreilles peuvent peser 50 kilos chacune.

Savais-tu que, pour se rafraîchir, l'éléphant secoue ses oreilles afin de pousser de l'air frais sur son dos? Il adore aussi s'asperger d'eau et prendre des bains de boue et de poussière.

Savais-tu que, grégaire, l'éléphant vit généralement en
société matriarcale de 10 à 20 individus ? Des liens très
solides unissent ces hardes composées de femelles proches
parentes et de leurs jeunes d'âges différents.

Savais-tu qu'au gré des saisons et de la disponibilité des aliments plusieurs groupes se rassemblent pour former de grands troupeaux de quelques centaines d'individus?

JE VOUS L'AVAIS DIT QUE JE LE TROUVERAIS, CE POINT D'EAU!

Savais-tu que c'est la femelle la plus âgée, appelée « matriarche », qui guide le troupeau ? Elle connaît tout ce que le troupeau doit savoir pour survivre, comme

l'emplacement des points d'eau saisonniers et les différents dangers.

Savais-tu que, lorsqu'un danger est détecté, toute la harde se regroupe autour des éléphanteaux? La matriarche, quant à elle, se place devant le groupe pour être la première à affronter la menace.

Savais-tu qu'à l'âge de 14 ans environ les mâles quittent leur groupe d'origine ? Dès lors, ils vivent le plus souvent seuls ou se joignent à un petit groupe d'autres mâles.

DIRE QU'IL FAUDRA ENCORE 21 MOIS AVANT L'ARRIVÉE DU PETIT!

Savais-tu qu'il faut environ 22 mois de gestation avant que la femelle donne naissance à un éléphanteau? C'est la plus longue période de gestation chez les mammifères terrestres.

Savais-tu qu'un éléphant adulte ne connaît aucun ennemi hormis l'homme? Les éléphants peuvent vivre jusqu'à 60 ans dans la nature et plus de 80 ans en captivité.

Savais-tu que, pendant des millénaires, l'extraordinaire puissance des éléphants a été mise au service de l'agriculture et de la guerre? Encore aujourd'hui,

notamment en Inde, l'importance économique et culturelle des éléphants reste bien réelle.

Savais-tu que, tous les ans, plus de 600 personnes sont tuées par des éléphants? La plupart de ces morts sont dues à des accidents causés alors que les humains tentent de protéger leurs récoltes contre l'incursion des éléphants.

Savais-tu que l'éléphant d'Afrique et l'éléphant d'Asie sont des espèces protégées et qu'elles sont menacées d'extinction ? Les deux principales causes du déclin des populations sont le braconnage – on les chasse pour leurs

défenses – et la réduction de leur habitat. Il subsiste à peine 40 000 éléphants d'Asie et moins de 600 000 éléphants d'Afrique.